AF390639

17 Février 1890

VENTE DU LUNDI 17 FÉVRIER 1890

HÔTEL DROUOT, SALLE N° 3

à 2 heures 1/4

BRONZES D'ART

ET D'AMEUBLEMENT

Sculptures du XVIIIe siècle, Buste signé Houdon

Vases et Colonnes en marbre montés en bronze

Bois sculptés, Ivoires, Armes

TABLEAUX, DESSINS, MINIATURES

Bel ouvrage à gravures de Fragonard d'après Le Sueur

Cuivres repoussés, Étains, Écrins en cuir, Porcelaines
Curiosités de l'Extrême-Orient

Meubles, Tentures, Tapisseries

Me PAUL CHEVALLIER	**M. A. BLOCHE**
COMMISSAIRE-PRISEUR	EXPERT PRÈS LA COUR D'APPEL
10, rue Grange-Batelière, 10	25, rue de Châteaudun, 25

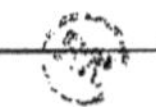

EXPOSITION PUBLIQUE

Le Dimanche 16 Février 1890

DE 1 HEURE 1/2 A 5 HEURES 1/2

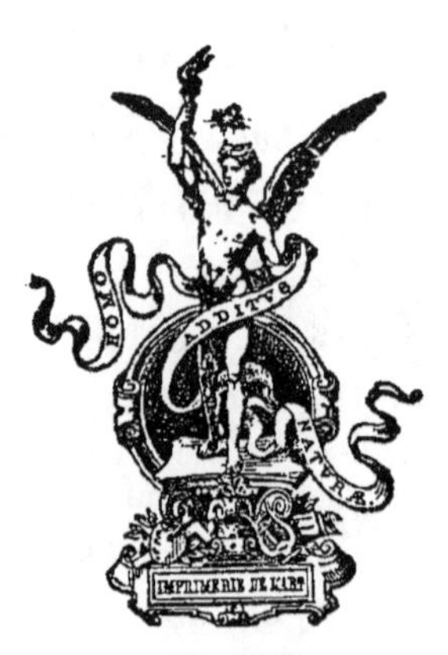
HOMO
ADDITVS
NATVRAE
IMPRIMERIE DE KART

CONDITIONS DE LA VENTE

Elle sera faite au comptant.

Les acquéreurs payeront, en sus des adjudications, *cinq pour cent* applicables aux frais.

L'exposition mettant le public à même de se rendre compte de l'état des objets, il ne sera admis aucune réclamation une fois l'adjudication prononcée.

Paris. — Imp. de l'Art, E. Ménard et Cⁱᵉ, 41, rue de la Victoire.

Désignation des Objets

OBJETS D'ART ET D'AMEUBLEMENT

TABLEAUX

1 — Deux colonnes en brèche violette, avec chapiteaux corinthiens et montures en bronze doré. Style Louis XVI.

2 — Paire de beaux vases en marbre d'Orient avec couvercles, richement montés en bronze doré, de style Louis XV.

3 — Paire de jolis vases en marbre jaspé vert oriental, monture en bronze doré, de style Louis XVI.

4 — Deux petits vases en marbre vert de mer, monture en bronze doré. Style Louis XVI.

5 — Grande et belle étagère décorée de sujets et de fleurs, genre vernis Martin.

6 — Paire de bras d'appliques à deux lumières, en bronze doré, style Louis XVI, thyrses entourés de lierre.

7 — Paire d'appliques en bronze doré : cariatides d'enfants portant des branches à deux lumières. Style Louis XVI.

8 — Groupe en bronze, patine brune : Nymphe, satyre et enfant, d'après Clodion, sur socle en bronze doré.

9 — Groupe en bronze, patine claire : *Énée enlevant son père*, d'après Lepautre, sur socle en bronze doré. Style Louis XIV.

10 — Groupe en bronze inspiré du xviiie siècle : Nymphe et satyre, patine verte.

11 — Beau cartel forme œil-de-bœuf, en bronze ciselé et doré, décor à feuilles d'acanthe avec culot feuillagé, et suspendu par une draperie. Style Louis XVI.

12 — Paire de petits vases ovoïdes en brèche sanguine, montés en bronze doré. Style Louis XVI.

13 — Grande statuette en bronze, patine claire : la Psyché, d'après Pajou.

14 — Buste de Lucius Vérus, bronze à patine verte.

15 — Deux figurines en bronze : les Buveurs, inspirés de Callot.

16 — Petite statuette équestre : Bonaparte au Saint-Bernard. Socle en marbre rouge.

17 — Cheval de trait harnaché, en bronze vert, de Guérard.

18 — Petite jardinière forme Louis XV, en bronze ciselé et doré, décor à sujets mythologiques.

19 — Bel encrier modèle rocaille, en bronze doré avec figurine d'enfant.

20 — Petit coffret à bijoux, en ivoire sculpté, orné d'émaux peints à sujets mythologiques.

21 — Groupe en bronze de Gatti : Chat et souris.

22 — Vidrecome en ivoire, offrant au pourtour en bas-relief une suite de personnages, et sur le couvercle une statuette d'Hébé.

23 — Paire de bras d'appliques en bronze doré, modèle rocailles à cinq lumières.

24 — Vase en marbre vert de mer, monture en bronze à cariatides et guirlandes. Style Louis XVI.

25 — Pendule en bronze doré de l'Empire.

26 — Paire de chenets en bronze, partie doré, style
Louis XVI, modèle aux sphinx.

27 — Paire de petits flambeaux en bronze, partie
doré : Satyres accroupis.

28 — Beau paravent en bois dur des Iles, orné
d'applications et de sculptures, à sujets laqués
et décorés. Travail japonais.

29 — Deux grands panneaux de tenture, en brode-
rie au cordonnet métallique, à sujets fantas-
tiques. Travail japonais.

30 à 35 — Collection intéressante de groupes et
figurines en ivoire sculpté. Travail japonais.
(Sera divisée.)

36 — Belle statuette en bronze : la Vénus à l'écre-
visse.

37 — Paire de petits candélabres en bronze fumé et
frotté, dans le goût japonais.

38 — Deux statuettes d'apôtres en composition.

39 — Joli petit groupe en ivoire, représentant les
Trois Grâces.

40 — Deux figurines en ivoire : Mendiant et Men-
diante, d'après Dindlinger.

41 — Très bel ouvrage : *la Vie de·saint Bruno*, ou
collection complète : gravures des vingt-deux
tableaux peints par Le Sueur pour le cloître des
Chartreux, avec frontispice et cul-de-lampe, par
Fragonard, accompagnée d'examen raisonné et
de notice, par M. Miel.

Provient de la Bibliothèque du roi, à Saint-
Cloud, avec reliure aux armes de France.

42 — **Rigaud** (Attribué à). Portrait de Louis XIV.
Cadre en bois sculpté.

43 — **École française**. Trois dessins.

44 — **Séguers** (Attribué à **Daniel**). Tulipes dans
un verre.

45 — Buste d'homme en terre cuite, signé Hou-
don, 1777. Socle en marbre bleu turquin.

46 — Deux bustes d'homme en terre cuite : personnages du xviiie siècle.

47 — Groupe en bois sculpté et peint : saint portant un enfant et assisté de chérubins.

48 — Groupe en faïence : personnages attisant un
bûcher.

*

49 — Grand brûle-parfums de Satzuma, couronné par un bouquet de fleurs.

50 — Pendule et socle en marqueterie de cuivre sur fond d'écaille, garni de bronzes. Époque Louis XIV.

51 — Grand brasero en cuivre rouge, orné de têtes de lions. XVIᵉ siècle.

52 — Brasero en cuivre jaune.

53 — Plat en étain gravé, à armoiries.

54 — Deux lanternes en cuivre jaune et repoussé. Louis XIV.

55 — Seau en cuivre rouge, à godrons. Louis XIII.

56 — Grand seau en cuivre repoussé, bordure à arabesques. XVIᵉ siècle.

57 — Fontaine à suspendre, en cuivre rouge, à godrons. Louis XIII.

58 — Encensoir en cuivre argenté. Louis XIV.

59 — Brûle-parfums sur plateau adhérent en cuivre repoussé et argenté d'Orient.

60 — Aspergeoir en cuivre repoussé et argenté d'Orient.

61 — Deux cartouchières en cuivre repoussé et argenté d'Orient.

62 — Applique forme palme, en cuivre repoussé et argenté d'Orient.

63 — Deux chenets Louis XV, en bronze : enfants sur rocailles.

64 — Deux aiguières en étain, dont une gravée.

65 — Grand vidrecome en étain gravé, à inscription.

66 — Croix processionnelle en cuivre repoussé. xvie siècle.

67 — Groupe de monstre et enfant japonais, en bois sculpté ancien.

68 — Deux flacons en verre montés en argent repoussé, avec coffret en cuir doré au petit fer et clouté ancien.

69 — Ancien coffre de toilette en cuir doré au petit fer ; dessin très fin.

70 — Écrin d'ostensoir en cuir doré au petit fer.

71 — Deux pistolets, crosses en bois sculpté, avec garnitures ciselées et gravées. Louis XV.

72 — Poire à poudre en ivoire gravé, à sujets allégoriques. xv1ᵉ siècle.

73 — Deux épées à deux mains, dont une à lame
flamboyante. xvᵉ siècle.

74 — Hallebarde en fer gravé et rehaussé de do-
rure, à armoirie guerrière. xv1ᵉ siècle.

75 — Fauchard, lance et pique japonais, au dragon
en furie.

76 — Épée de cour avec poignée en acier. Louis
XVI.

77 — Fusil ancien et oriental en bois finement incrusté, du xv11ᵉ siècle.

78 — Petit fusil ancien oriental et incrusté.

79 — Sabre japonais.

80 — Armure japonaise avec mannequin.

81 — Décoration de baie en peluche rouge et fil de
lin, garni de riches passementeries et de franges.
Style xv1ᵉ siècle.

82 à 86 — Cinq tapisseries verdures et à personnages. (Seront vendues séparément.)

87 — Vitrine en bois de thuya, ornée de bronzes.
Style Louis XVI.

88 — Violon ancien portant la date 1778.

89 — Deux cadres en bois sculpté et doré, du
temps de Louis XV.

90 — Grand et beau vase en ancienne porcelaine de
Vienne, décor à feuillages et ornements à rehauts
d'or.

91 — Tasse et soucoupe de l'Empire, décor à médaillons.

92 — Cinq groupes et statuettes en porcelaine.

93 — Glace avec cadre en bois doré. Louis XV.

94 — Bague en or émaillé. Renaissance.

95 — Deux silhouettes : Portraits d'homme et de
femme. Cadres en cuivre. Louis XVI.

96 — Plaque rectangulaire en émail de Limoges :
la Samaritaine.

97 — Jolie cafetière en vieux Chine bleu fouetté,
avec médaillons en réserve.

98 — Grande miniature rectangulaire sur ivoire,

représentant une dame de qualité en robe de velours, avec coiffure à panache. Style Louis XV.

99 — Miniature ronde sur ivoire : Portrait de Madame Élisabeth.

100 — Miniature ovale sur ivoire : Femme assise dans un jardin, coiffée d'un chapeau enrubanné et à plumes.

101 — Miniature ronde sur ivoire : Portrait de Mlle de Lambrech, d'après Nattier.

102 — Paire de vases en bronze japonais, décor en haut-relief.

103 — Paire de vases de Satzuma, décor à personnages, rehaussés d'or.

104 — Meuble en bois de fer sculpté, à étagères. Travail chinois.

105 — Paravent à quatre feuilles, en satin brodé du Japon.

106 — Brûle-parfums en bronze japonais, à riche décor en relief.

107 — Deux chimères en porcelaine de Chine, décor flambé.

108 — Deux sabres japonais avec fourreaux et poignées en os sculpté à sujets allégoriques.

109 — Deux potiches avec couvercles de Chine, décor en bleu sur blanc.

110-111 — Deux robes de mandarins.

112 — Groupe en bronze du Japon incrusté d'or et d'argent.

113 — Deux vases fond doré, décor filigrané et émaillé du Tonkin.

114 — Deux supports en bois sculpté de Chine.

115 — Deux fauteuils en bois de fer burgauté.

116 — Deux chaises même travail.

117 — Table rectangulaire, dessus en mosaïque de Rome.

117 *bis* — Quatre panneaux de mosaïques de Rome, sujets divers, encadrés.

118 — Deux bouteilles de Chine, décor au dragon.

119 — Groupe de tortues en bronze du Japon, belle patine ancienne.

120 — Paire de vases de Chine, décor dans le goût de la famille verte.

121 — Deux beaux brûle-parfums en bronze.

122 — Paire de vases du Japon, décor polychrome.

123 — Chimère en bronze ancien.

124 — Deux groupes allégoriques en bronze.

125 — Deux figurines en porcelaine du Japon.

126 — Objets divers non catalogués.

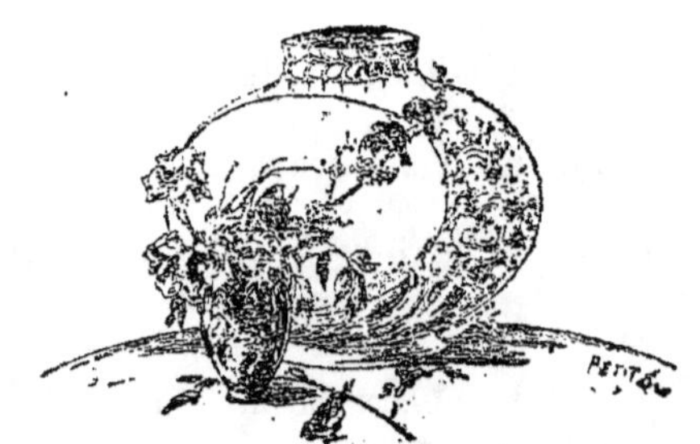